Inhalt

Wie findet der Stürmer die gegnerische Verteidigung?

Zum Schießen

Wo liegt Bayern?

Meist an der Tabellenspitze

Warum hat die Mannschaft Fahrräder zu Weihnachten bekommen?

So können sie schon mal das Absteigen üben.

Wer ist der Angstgegner der Nationalmannschaft?

Der Ball

Wie nennt man einen Fußballspieler, der nicht mehr gut sehen kann?

Schiedsrichter

Was ist der Unterschied zwischen einem Fußballspieler und einem Fußgänger?

Der Fußgänger geht bei Grün, der Fußballspieler bei Rot.

Wie nennt man 11 Nationalspieler, die hintereinanderstehen?

Einen Flaschenzug

Was ist der Unterschied zwischen einem Bankräuber und einem Fußballstar?

Der Bankräuber sagt: „Geld her oder ich schieße!" Der Fußballstar sagt: „Geld her oder ich schieße nicht!"

Was ist der Unterschied zwischen einer Fußballmannschaft und einem Marienkäfer?

Der Marienkäfer hat mehr Punkte.

Wann wurde die erste Fußballmannschaft schriftlich erwähnt?

In der Bibel. Dort heißt es: Jesus stand vor dem Tor von Nazareth und seine Jünger standen abseits.

**Wieso lachen die Zwerge
beim Fußballspielen?**

Weil sie die Grashalme
am Bart kitzeln.

**Was ist der Blockbuster-Film
„Holland wird Weltmeister?"**

Science-Fiction

Malte kommt gut gelaunt mit
seinem Zeugnis nach Hause.
Er sagt zu seinem Vater:

„Gute Neuigkeiten, Papa! Mein
Vertrag für die vierte Klasse wurde
noch einmal verlängert!"

„Wie ist denn euer Fußballspiel
ausgegangen?"

„Null zu Null."

„Und wie stand es zur Halbzeit?"

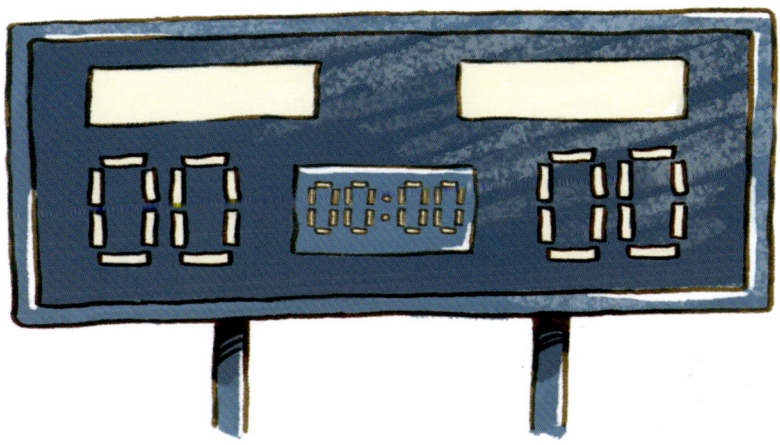

Der Stürmer ruft dem
Schiedsrichter zu:
„Sag mal, bist du blind?"
Der Schiedsrichter will ihm
nicht gleich die rote Karte zeigen.

Er fragt lieber noch einmal nach:
„Entschuldigung, hast du
etwas gesagt?" Der Stürmer
dreht sich um und ruft:
„Oje, taub ist er auch noch!"

Nach einer katastrophalen Niederlage eilt der Trainer wütend in die Kabine.

Er schreit die Spieler an: „Ich habe euch vor dem Spiel gesagt: Spielt wie noch nie! Und nicht: Spielt, als ob ihr noch nie gespielt habt!"

Der Trainer redet auf den Radio-Reporter ein: „Könnten Sie bitte etwas langsamer reden? Meine Mannschaft kann gar nicht so schnell rennen, wie Sie sprechen!"

Sagt der Trainer zum Schiedsrichter:
„Schönes Spiel, schade,
dass Sie es nicht gesehen haben!"

Sagt ein Fußballspieler, der gern seine Kräfte aufspart: „Ich beginne verhalten und lasse dann langsam nach!"

Fragt der Nachwuchsspieler den Trainer:
„Wie hoch wird mein Gehalt sein?"

„Am Anfang 20.000 im Monat,
später mehr."

„Gut, dann komm ich später wieder."

Nach dem Spiel trifft der Stürmer seinen besten Kumpel. „Ich habe zwei Super-Tore geschossen!"

„Und wie ging das Spiel aus?"

„1 zu 1!"

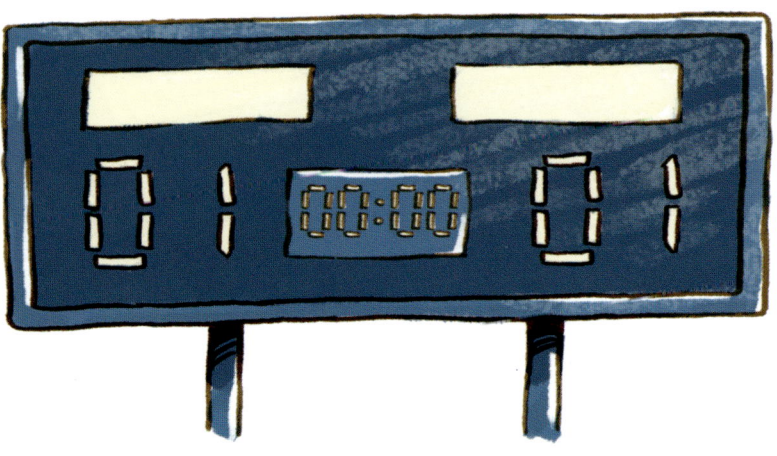

Sohn: „Papa, wann hat unsere Mannschaft das letzte Mal gewonnen?"

Papa: „Da musst du Opa fragen!"

Der Abwehrspieler sagt zum Trainer: „Ich habe eine Idee, wie wir mit der Mannschaft aufsteigen können."

Der Trainer antwortet: „Hört sich super an! Wann verlässt du uns?"

Zwei Fußballspieler wollen sich fit halten und joggen durch den Park. Sagt der eine: Ach je, sieh mal, ein toter Vogel!"

Der andere schaut angestrengt in den Himmel und fragt: „Wo denn?"

Moritz fragt seinen Vater:
„Papa, würdest du mir den Gefallen
tun und den Fußball für mich holen?"

Der Vater: „Gern, wo ist er denn?"

„Noch im Sportgeschäft!"

Der Lehrer fragt Martin: „Kannst du mir berühmte Persönlichkeiten nennen, deren Nachname mit einem „M" beginnt?"

Martin überlegt kurz, dann sagt er: „Maradona und Matthäus!"

Der Lehrer erwidert: „Ich dachte eher an Michelangelo oder Mozart."

Martin fragt: „In welcher Liga spielen DIE denn?"

Während eines ziemlich
langweiligen Fußballspiels
fliegt plötzlich eine
leere Flasche aus der
Zuschauertribüne auf
das Spielfeld. Der
Schiedsrichter ist wütend:
„He, was soll das denn?"

Da antwortet eine
Stimme von den oberen
Rängen: „Damit du nicht
so alleine bist!"

Während eines besonders wilden
Spiels bricht sich der Torwart
das Handgelenk.

Betrübt fragt er den Arzt:
„Werde ich wieder im Tor stehen
können?"

Der Arzt beruhigt ihn:
„Aber ja, Sie werden sogar
Klavierspielen können!"

Der Torwart ist begeistert:
„Sie sind der beste Arzt –
Klavierspielen konnte ich
nicht einmal vorher!"

Hi hi hi hi!

In der Halbzeitpause ist
dicke Luft in der Umkleidekabine.
Der Trainer schimpft mit
dem Mittelstürmer:
„Ich kann es nicht glauben,
warum hast du ein
Eigentor geschossen?"

Der Mittelstürmer
antwortet verdrossen:
„Na ja, die Tore sehen halt
alle gleich aus!"

„Dabeisein ist alles!",
rief der Schiedsrichter,
nachdem er sein erstes Tor
geschossen hatte.

Ha ha ha ha!

Die Fußballmannschaft hat noch kein einziges Spiel gewonnen. Der Trainer versammelt die Spieler und hält ihnen einen Vortrag: „Wir müssen ganz von vorne anfangen. Seht mal alle her, das hier ist der Ball."

Ein Spieler hebt die Hand und fragt: „Ach bitte, kann ich den noch einmal sehen?"

Der Fußballer hat sich verletzt und geht zum Arzt. „Hat man denn über ihr blaues Auge keinen kühlenden Umschlag gemacht?", fragt der Arzt erstaunt.

Hi hi hi hi!

„Nein, nur blöde Witze",
antwortet der Fußballspieler.

„Es gibt zur Zeit
so wenig Fußball im Fernsehen",
seufzt Herr Meier.

Frau Meier antwortet:
„Das ist verständlich.
Das Wetter ist so schön,
da spielen alle wieder draußen!"

Hannes schreibt seinen Eltern
aus dem Fußballballcamp:
„Hier ist es richtig cool!

Leider habe ich beim Training
gestern ein Bein gebrochen.
Zum Glück war es aber nicht meins!"

„Ich sage nur ein Wort: Vielen Dank!"

Andreas Brehme,
Fußballspieler und Trainer

„Mailand oder Madrid – Hauptsache Italien!"

Andreas Möller, Fußballspieler

„Wenn man mir die Freude
am Fußball nimmt,
hört der Spaß bei mir auf!"

Thomas Häßler,
Fußballspieler

„Ich glaube,
dass der Tabellenerste
jederzeit den Spitzenreiter
schlagen kann."

Berti Vogts,
Trainer

„Erst hatten wir kein Glück,
dann kam auch noch Pech dazu."

Jürgen Wegmann,
Fußballspieler

„Das wird alles hochkristallisiert."

Rene Adler,
deutscher Torwart

„Wir dürfen jetzt nur nicht
den Sand in den Kopf stecken.“

Lothar Matthäus,
Fußballspieler,
Experte im Fernsehen

„Mal ist man der Hund,
mal ist man der Baum.“

Mario Götze,
Fußballspieler

„So ist Fußball.
Manchmal gewinnt der Bessere!"

Lukas Podolski, Fußballspieler

**„Es ist bitter, wenn jeder Ball,
der reingeht, ein Tor ist."**

Lukas Podolski, Fußballspieler

„Ein Spiel ist erst vorbei,
wenn der Schiedsrichter pfeift
und ich nicht mehr brülle."

Steffen Baumgart,
deutscher Fußballtrainer

„Er muss ja nicht unbedingt dahin laufen,
wo ich hingrätsche."

Neven Subotić,
serbischer Fußballspieler

„Ich habe dem Linienrichter
meine Brille angeboten.
Aber auch das hat er nicht gesehen."

Peter Stöger,
österreichischer Fußballspieler
und Trainer

Die **Fußball-Weltmeisterschaft** findet alle vier Jahre statt. Für jedes Land nimmt ein Team aus den besten Spielern teil: die Nationalmannschaft.

Der **WM-Pokal** ist die Trophäe für die Sieger der Fußballweltmeisterschaft. Er ist über 36 cm groß und aus echtem Gold.

Die **Aufgabe des Torwarts** in einem Spiel ist es, Gegentore zu verhindern. Er darf als Einziger im Spiel den Ball in die Hände nehmen. Allerdings nur im Strafraum.

Jeder Spieler hat ein eigenes **Trikot**, auf dessen Rücken der Name und die Spielernummer stehen.

Schiedsrichter haben bei einem Fußballspiel einen sehr wichtigen Job: Sie entscheiden zum Beispiel, ob ein Spieler bei einem Foul eine gelbe oder eine rote Karte bekommt.

Handspiel ist beim Fußball nicht erlaubt. Spielt ein Feldspieler den Ball mit der Hand, gibt es einen Freistoß für den Gegner.

Bei einem Fußballspiel ist die Aufgabe der **Abwehrspieler**, den Ball vom eigenen Tor fernzuhalten. Dabei bestreiten sie viele Zweikämpfe gegen die Angriffsspieler des Gegners.

Eine **Fußballmannschaft** besteht nicht nur aus der ersten Elf. Es gibt auch Ersatzspieler.

Die verschwundenen Bälle

Finn spielt seit ein paar Wochen Fußball
im Verein. Heute findet sein erstes
Turnier statt.
Finn ist sehr aufgeregt.
Nichts klappt. Seine Fußballschuhe sind
verschwunden. Er muss lange im
Schrank wühlen, bis er sie findet.

Finns Eltern sind schon ganz genervt.

„Hast du dein Trikot eingepackt?",

fragt Mama, als sie schon am Auto sind.

Finn hat es vergessen.

Er rennt noch einmal zurück und sucht.

Schließlich findet er das Trikot

unter seinem Bett.

Finn steigt wieder ins Auto.

Sein großer Bruder Fredi sitzt neben ihm.

Er fragt: „Na, hast du vielleicht auch

noch deinen Kopf vergessen?"

Auf dem Fußballplatz ist schon viel los.

Es gibt sogar einen Stand mit Würstchen.

Aber komisch, Finn sieht keine Bälle.

Ohne Bälle können sie doch nicht

Fußball spielen!

Da hört er auch seinen Trainer fragen:
„Wo sind die Bälle?"
Der Schiedsrichter antwortet:
„Die Bälle sind weg! Ich habe
überall gesucht."

Auch Fredi hat es gehört. Er lacht laut los:
„Warst du das, Finn? Hast du etwa auch
die Bälle verschusselt?"

Das soll natürlich ein Scherz sein.
Aber der Trainer hat nur den ersten Satz
gehört. Schnell geht er auf Finn zu.

„Hast du die Bälle versteckt?",
fragt der Trainer und schaut Finn streng an.
Finn ist so überrascht, dass er ganz rot im
Gesicht wird. Dabei hat er gar nichts getan.

„Sag uns, wo die Bälle sind!", verlangt der Trainer.
„Ich weiß es nicht", stottert Finn.

Fredi versucht Finn zu helfen.

„Das war nur ein Scherz", beteuert er.

„Das war aber ein schlechter Scherz!", ruft der
Trainer.

„Ohne Bälle können wir nicht spielen.

Dann müssen wir das Turnier absagen!"

Finn bringt kein Wort heraus.

Er kann doch nichts dafür!

„Das war nicht Finn", sagt sein Freund Kalim.

„Finn ist eben erst angekommen.

Das habe ich genau gesehen.

Er hatte gar nicht genug Zeit,

die Bälle verschwinden zu lassen."

Das scheint den Trainer zu überzeugen.

Er entschuldigt sich bei Finn.

„Aber ohne Bälle können wir

trotzdem nicht spielen", sagt er.

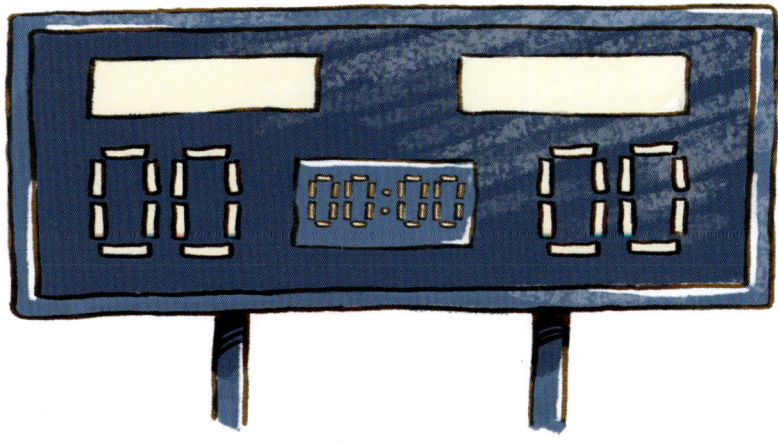

Die ganze Mannschaft macht sich auf die
Suche. Kalim hält Finn fest und flüstert ihm zu:
„Siehst du, wie die von der
anderen Mannschaft kichern?"

Er zeigt auf einige Kinder.
„Bestimmt haben sie die Bälle versteckt.
Sonst würden sie nicht so lachen."

Finn überlegt. Er schaut sich um.

„Ich weiß es!", ruft er dann.

Alle sehen zu ihm herüber.

Leise spricht Finn weiter:

„Lass uns in den Büschen suchen!"

Hinter dem Spielfeld stehen
einige sehr dichte Büsche.
Schnell laufen Finn und Kalim dorthin.
Finn biegt die Zweige beiseite.

„Da sind sie!", ruft er.
„Ich habe die Bälle gefunden!"

Finn und Kalim tragen die Bälle
zurück zum Spielfeld.
Alle klatschen.
Der Trainer bedankt sich bei ihnen.
Dann kann das Turnier endlich beginnen.

Finns Mannschaft spielt gegen die Mannschaft,
die die Bälle versteckt hat.
Finn und Kalim spielen im Sturm.
Jetzt werden sie es den anderen aber zeigen!

Doch die andere Mannschaft ist sehr gut.
Finn hat keine Chance, auf das Tor
zu schießen. Kalim geht es nicht besser.

Die letzte Minute läuft.

Finn sprintet Richtung Tor.

Kalim flankt zu ihm herüber.

Finn bekommt den Ball und schießt.

„Tor!", brüllen die Zuschauer.

Finn und Kalim fallen sich in die Arme.

Alle freuen sich. Dann ist das Spiel vorbei.

Sie haben gewonnen!

Lesequiz

1. Wer hat die Bälle versteckt?

B: Finns Bruder Fredi

D: Kinder aus Finns Mannschaft

T: Kinder aus der anderen Mannschaft

2. Wo waren die Bälle versteckt?

P: im Vereinsheim

R: hinter den Büschen

F: in einem Auto

3. Wie schießt Finn sein Tor?

A: mit einem Elfmeter

E: nach einer Ecke

I: nach einer Flanke von Kalim

Lösungswort:

| ₁ U | ₂ N | | ₃ E | R |

Lösungswort: Turnier

64